Renate Eickenberg

Es muss Liebe sein
„Heimat“-Geschichten

Renate Eickenberg

Es muss Liebe sein

„Heimat“-Geschichten

Rediroma-Verlag

Bibliografische Information der Deutschen Nationalbibliothek:
Die Deutsche Nationalbibliothek verzeichnet diese Publikation in der Deutschen Nationalbibliografie; detaillierte bibliografische Daten sind im Internet über http://portal.dnb.de abrufbar.

ISBN 978-3-96103-677-6

www.rediroma-verlag.de
8,95 Euro (D)

Die meisten der verwendeten Fotos in diesem Buch entstammen dem Solinger Stadtarchiv, einige andere verdanke ich der Hobby-Fotografin Inga Wulfhorst.

Unter meinen früheren Namen Renate Schmidt sind meine weiteren Bücher veröffentlicht worden. Sie finden Sie auf meiner Homepage www.schmidt-partner-solingen.de

Dieses Buch widme ich Waltraud Eickenberg, die mit der Zeit gelernt hat, dass der „Auler“ hoch oben in einem Haus zu finden ist.

Inhalt

Vorwort

Solingen – meine Stadt. In den Augen der meisten Menschen auf dieser Welt nichts als ein unbedeutender Fleck auf der Landkarte, in meinen Augen ein wunderschöner Ort, der schönste, denn er trägt den Begriff „Heimat“.

Als ich geheiratet habe, war ich unendlich froh, dieses „langweilige Kaff“ verlassen zu dürfen und an den Niederrhein zu ziehen, in die Seidenweber-Stadt. Ich habe dort ein paar Jahre gelebt, aber angekommen bin ich nie. Über den Umzug in die Landeshauptstadt habe ich mich sehr gefreut – endlich das pralle Leben, die Altstadt, Oberkassel, Museen, Konzerte, Theater. Von unserer Wohnung aus hatte man einen herrlichen Blick auf den Unterbacher See. Ich fühlte mich wie im Urlaub, aber nie dazugehörig, fremd unter den Rheinländern. Das darauf folgende Haus in Erkrath hatte einen großen Vorteil: Von dort war es nicht mehr weit bis nach Solingen und ich habe alles getan, um wieder dahin zurückzukehren, wo ich unbedingt weg gewollt hatte.

Als ich zurück war, sah ich die Stadt mit anderen Augen. Ich war begeistert von Gräfrath, sah, wie großartig sich Ohligs entwickelt hatte, liebte meine Südstadt und ihre Nähe zur Wupper. Ja, die Wupper, das war überhaupt der schönste Fluss, den ich je gesehen hatte, der Amazonas des Bergischen.

Der Solinger an sich ist einer wie ich. Nicht so lustig und leichtlebig wie der Rheinländer, nicht so direkt und derb wie der Ruhrgebietler, sondern bodenständig, ganz ohne

Allüren, akkurat und fleißig. Wir sprechen die gleiche Sprache und wenn der Böxendrieter mit dem Oglöcksdier darüber schwadroniert dat dat Richsken immer noch döckes om Rett is, obwohl de ja jetzt bestatt is, dann weiß ich, um was es geht.

Dieses Buch ist eine kleine Liebeserklärung an meine Stadt. Die kurzen Geschichten von gestern und heute erzählen von – beinah – alltäglichen Situationen, die in einem bestimmten Moment aber etwas Besonderes sein können. Es geht um Liebe zur Stadt, zur Natur, zu Tieren, zum Menschen, zum Leben.

Lur doch ens rin!

Bekir

Es ist das Jahr, in dem Neil Armstrong sagt: „Der Adler ist gelandet“, in dem Elvis in Memphis „In the Ghetto“ aufnimmt und Roy Black bei uns die Hitlisten mit „Das Mädchen Carina“ anführt. Es ist das Jahr, in dem in Wiesbaden der 2. Deutsche Schlagerwettbewerb und in Amerika „Woodstock“ stattfindet. Die Deutschen fahren nach Italien in Urlaub und die Italiener arbeiten bei uns im Betrieb. „Gastarbeiter“ heißen sie, weil sie bald wieder von Solingen in ihre sonnige Heimat zurückkehren werden. Mein Vater ist großer Fan des singenden Torwarts Petar Radenkovic und meine Mutter schwärmt für den Schah von Persien, der mittlerweile sogar Kaiser ist. Im „Goldenen Blatt“ verfolgt sie alle Nachrichten über ihn, seine Ex-Frau Soraya und seine jetzige Farah Diba.

Meine Eltern haben nicht viel Zeit für mich, sie erleben eine aufregende Zeit, denn die Wirtschaft boomt. Ich dagegen habe viel Zeit für mich, Zeit, in der aber nichts Aufregendes passiert. In genau diesem Jahr ereignet sich die Sensation meines neunjährigen Lebens. Mein Vater verkündet sie: „Wir bekommen am Sonntag Besuch. Meine Cousine Helga kommt. Sie war lange in Berlin und jetzt ist sie zurück in Solingen und will uns ihren Freund vorstellen. Er ist Perser. Die beiden haben einen Sohn, der ein Jahr älter ist als du, Sabine. Ich möchte, dass wir uns von unserer besten Seite präsentieren, deshalb solltest du auch sehr nett zu ihm sein, ja?“ Das ist eigentlich selbstverständlich, denn ich bin immer nett, was mich aber mehr interessiert, ist, wieso hat mein Papa gesagt „ihren Freund“? Wenn sie ein Kind haben, dann ist es doch ihr Mann.

„Jaaaaa“, sagt mein Vater gedehnt, „das ist so eine Sache … Die beiden leben in wilder Ehe zusammen.“ Meine Mutter hält sich erschrocken die Hand vor den Mund und ich finde es richtig spannend – ich habe noch nie von einer „wilden Ehe“ gehört, da muss es ja zugehen … „Meinst du, er kann uns Details über Reza Pahlavi und Farah Diba erzählen?“, will meine Mutter wissen. „Bestimmt, aber wir sollten zunächst zurückhaltend sein. Wir wissen ja nicht, wie er zum Schah steht. Also auf keinen Fall über Politik reden!“ „Papa, wie heißt denn der Junge?“ „Bekir, glaub ich.“

In der Schule erzähle ich allen meinen Freundinnen, dass wir echte Perser als Verwandte haben und die am Sonntag zu Besuch kommen. Sie beneiden mich um den Großcousin Bekir und sind beinah genauso aufgeregt wie ich. Die Zeit will gar nicht vergehen, aber endlich ist der Sonntag da, es ist der 6. Juli, und meine Mutter steht schon seit Stunden in der Küche. Sie hat den bunten Werktagskittel gegen eine schneeweiße Schürze getauscht. Mein Vater raucht schon die zehnte „Ernte 23“, woran man merkt, dass auch er nervös ist. Um zwölf Uhr klingelt es und wir zucken alle zusammen. Die eigentliche Sensation ist meine Tante Helga – sie trägt Hosen, einen langen dünnen Pulli und einen sehr breiten Gürtel darüber, sie hat Lippenstift drauf und sie raucht. Ich habe noch nie eine Frau kennen gelernt, die raucht und ich finde, es sieht sehr elegant aus. Der persische Freund sieht nicht so aus wie Reza Pahlevi und ich glaube, meine Mutter ist ein bisschen enttäuscht. Er ist groß, hat schwarz-graues Haar, das ihm vorne immer ins Gesicht fällt, einen dicken Bauch und schmale Lippen. Bekir sieht richtig gut aus, er hat fast schwarzes Haar, ganz dunkle Augen und die riesigen buschigen Augenbrauen sind in der Mitte zusammengewachsen. Sein Gesicht ist schmal und er hat eine ganz schöne Haut. Wahrscheinlich ahnt er gar nicht, welchen Eindruck er auf ein Mädchen wie mich macht, denn er sieht immer zu Boden.

Es gibt Rinderrouladen mit Kartoffeln und Leipziger Allerlei und ich glaube, dass es Bekir nicht schmeckt, denn er schiebt das Essen mehr auf seinem Teller hin und her, als dass er es zum Mund führt. Meine Tante Helga plaudert unaufhörlich, sie erzählt von Berlin, von der tollen Clique, die sie dort hatte, von Konzerten und Kinobesuchen und wie sehr sie das alles in Solingen vermissen wird. „Wir haben auch ein Lichtspielhaus am Höffken“, sagt meine Mutter, aber die Tante zieht eine Grimasse. „Provinzkino, was kann das schon bieten?“ „Haben Sie schon eine Arbeit gefunden?“, wendet sich mein Vater an den Perser, der bislang geschwiegen hat. „Nein, noch nicht.“ „Sie können bei uns arbeiten, wenn Sie wollen, wir Heftemacher haben im Moment viel zu tun.“ Es ist ein gut gemeintes Angebot, aber der persische Freund zieht eine Augenbraue hoch und sagt: „Ich bitte Sie! Ich bin Akademiker!“ Was immer das ist, es ist nichts, was mein Vater in seiner Firma gebrauchen könnte, denn er zuckt zusammen. Während meine Mutter den Nachtisch serviert – Vanillepudding mit aufgeschlagenem Eischnee – wendet sie sich an den Perser: „Ich bin eine große Verehrerin Ihres Kaisers!“ „Des Schahinschah, ja? Wegen dieses Tyrannen habe ich mein Land verlassen!“ Seine Stimme klingt bitter und ich habe nicht das Gefühl, dass das Gespräch sich gut entwickelt. Unruhig rutsche ich auf meinem Stuhl hin und her und mein Instinkt rät mir, die Frage, die mir unter den Nägeln brennt, wie denn eine „wilde Ehe" funktioniere, angesichts der augenblicklichen Stimmungslage besser nicht zu stellen. „Ihr könnt rausgehen spielen, Kinder!", befreit mein Vater mich aus der unangenehmen Situation und ich springe gleich auf. „Komm, Bekir", fordere ich ihn auf mir zu folgen. Er sieht seinen Vater an und der nickt. Ich bin froh, endlich mit Bekir allein quatschen zu können.

Wir sitzen auf einem Holzstapel und schweigen. Normalerweise habe ich immer viel zu erzählen, aber jetzt fällt mir nichts ein, Bekir macht mich unsicher. Er wippt mit den Beinen und starrt stur geradeaus. „Gefällt's dir denn in Solingen?", mache ich einen ersten Versuch. „Nein", sagt Bekir. „Hat dir Berlin besser gefallen?" „Ja", sagt Bekir. „Und wie ist es in Persien?" „Da war ich noch nicht." Hm, ich bin ratlos. Mein Vater hat gesagt, wir sollen uns von unserer besten Seite zeigen, aber wie soll ich das bloß machen? „Soll ich dir meine Tarzanschaukel zeigen, Bekir?" „Was ist das?" „Ein dickes Tau mit einem Knoten drin. Damit kann man sich von einem Holzstapel zum nächsten schwingen!" „Och nö, keine Lust." „Sollen wir denn vielleicht verstecken spielen? Das geht hier in der Fabrik sehr gut – es gibt tolle Verstecke!" „Nein." „Was möchtest du denn spielen?" „Gar nichts. Ich spiele nicht mit Mädchen." Normalerweise hätte ich jetzt ‚Blödmann' gesagt und wäre gegangen, aber das geht nicht, weil er unser persischer Gast ist. „Soll ich dir denn vielleicht den Betrieb zeigen?", frage ich, ohne noch viel Hoffnung zu haben, dass er dazu Lust hat. Zu meiner Überraschung nickt er aber und ich bin erleichtert.

Zuerst zeige ich ihm den Keller, der eigentlich immer unter Wasser steht und wo wir auf Flößen stehend herumpaddeln und versuchen, eine der dicken Ratten zu erschlagen. Meine Freundinnen finden das spannend und gruselig, aber Bekir ist nicht beeindruckt. Der Flaschenzug, mit dem man Süßigkeiten vom Hof in die zweite Etage der Fabrik kurbeln kann, fasziniert ihn auch nicht. Ich muss ihm also wohl tatsächlich unser Geschäft erklären und gebe ihm zuerst eine kleine Einführung, dass Solingen ja die Klingenstadt sei und wir für große Firmen Hefte produzieren. Bekir nickt. Dann zeige ich ihm die Schneiderei, die riesigen Fräsmaschinen, die Trommel, wo das Holz mit Lederläppchen zusammen poliert wird, die Beize und die Trockenräume. Bekir nickt. Ich erzähle von Überseehölzern, die von riesigen Frachtern nach Hamburg gebracht werden, von Palisander und Teak-Holz. Bekir nickt. Ich freue mich, dass es mir gelungen ist, unseren Betrieb von der besten Seite zu zeigen und sage zum Abschluss: „Hast du dazu noch Fragen?“ Zum ersten Mal sieht Bekir mir direkt in die Augen, dann sagt er: „Ja. Was mich interessieren würde: Ihr habt doch bestimmt auch Hefte fürs vierte Schuljahr! Kann ich vielleicht ein paar haben?“ Ich starre ihn ungläubig an und zucke mit den Schultern. „Nee, die haben wir nicht. Ich gehe jetzt Kuchen essen.“ Damit wende ich mich ab und er folgt mir.

Nach dem Kaffeetrinken verabschiedet sich der persische Besuch und meine Mutter fällt in einen Sessel: „Puh, ich bin in Schweiß gebadet. Wir hätten uns besser auf diesen Besuch vorbereiten sollen!“ „Ich bin auch in Schweiß gebadet“, seufze ich – ohne mir bewusst zu sein, dass meine Schweißproduktion noch nicht so auf Trab ist, dass sie mich baden könnte - und lasse mich neben sie plumpsen. Mein Vater lacht: „Und ich dachte schon, Bekir hätte es dir angetan. Ihr wart so lange draußen.“ Ich schüttle stumm den Kopf. „Nee, Papa, lass mal. Da bleib ich Little Joe doch lieber treu.“ Das Beste an diesem Sonntag ist „Bonanza“ und die Vorfreude darauf, meinen Freundinnen am nächsten Tag zu erzählen, wie Bekir gefragt hat: „Habt ihr auch Hefte fürs vierte Schuljahr?“

Kaffee mit Milch

Wenn ich nicht ganz genau wüsste, dass Sommer ist, wäre das Wetter angenehm: Es ist bewölkt, hin und wieder gibt es eine Regenschauer und wir haben angenehm herbstliche 16 Grad. Heute Morgen hat sich noch ein bis in die Täler reichender Nebel hinzugesellt und dieser Nebel hat es offensichtlich geschafft bis in meinen Kopf vorzudringen. In Schwaden umwabert er meine Synapsen und macht es mir unmöglich, das Gutachten zu schreiben, das ich heute Nachmittag abgeben soll. Ich bastle an jedem einzelnen Satz, der an meinen besseren Tagen ganz von selbst von meinem Kopf in die Finger und von dort in die Tastatur des Laptops flockt. Seit geschlagenen zwei Stunden quäle ich mich nun und das Ergebnis ist erbärmlich, gerade mal eine dreiviertel Seite lacht mir höhnisch entgegen. Mein innerer Schweinehund ist dazu in Toppform und flüstert mir mit konstanter Boshaftigkeit ins Ohr: „Lass doch sein, das wird doch heute eh nichts! Ruf einfach an und sag', dass dir was dazwischen gekommen ist. Ist es doch auch: der Nebel! Leg uns eine schöne CD ein, vielleicht Vicky Leandros: ‚Was kann dir schon geschehn? Glaub mir, ich liebe das Leben …' und lass uns mal einen Moment Augenpflege auf der Couch betreiben!" Bisher kämpft sein Gegenspieler namens Disziplin tapfer um den Sieg, aber sein Widerstand lässt mit jedem geschriebenen und wieder entfernten Satz nach. Ich bin in der Zwickmühle: Einerseits sehe ich, dass ich tatsächlich wenig zustande bringe, andererseits habe ich ein Pflichtgefühl, das mich am Laptop kleben lässt. „Frau Eggers scheint ihre Aufgabe sehr ernst zu nehmen", erscheint als nächster Satz auf dem Bildschirm. Was ist das denn für eine Aussage? Wer soll damit etwas anfangen können? Von mir wird Klarheit erwartet. Nimmt sie ihre Aufgabe nun ernst oder nicht?! Unruhig rutsche ich auf meinem Stuhl hin und her, knabbere ein bisschen an meiner Unterlippe und klappe dann den Laptop entschlossen zu. So geht das nicht! Von meiner Entscheidung selbst überrascht, stehe ich unentschlossen einen Moment mitten im Raum und dann weiß ich, was ich zu tun habe: Schwimmen gehen und den Nebel im Wasser versenken!

Es gibt sicher viele schöne Freibäder in Deutschland, aber das schönste für mich ist das Ittertal. Dort habe ich schwimmen gelernt, dort habe ich auf der Wiese den Kartoffelsalat und die Frikadellen gegessen, die meine Mutter uns Kindern eigens für das Picknick im Schwimmbad gemacht hat, dort habe ich meinen ersten Kuss bekommen. An den Namen des Jungen erinnere ich mich nicht mehr, aber ich weiß noch ganz genau, wie ich mich gefühlt habe, als ich mich mit meinem neuen Bikini und nassen langen Haaren lässig neben ihm auf der Decke geräkelt habe und er mich gefragt hat: „Willst du mit mir gehen?“ Ich habe ihn mit einem Augenaufschlag angesehen, denn ich unzählige Male vorm Spiegel geübt hatte und stumm genickt. Dieses Nicken war der Startschuss für den ersten Kuss, der im Grunde nicht schön war, sondern einfach nur feucht und sabberig, aber darauf kam es auch gar nicht an. Von da an gehörte ich dazu, zu den Eingeweihten, die schon einmal die Zunge eines Jungen in ihrem Mund gehabt hatten, denke ich, während ich schmunzelnd Richtung Kasse gehe. Eigentlich macht das Freibad Ittertal um 11 Uhr auf, aber jetzt, 10 Minuten nach elf, hängt der mir bekannte Zettel an der Scheibe: „Die Kasse ist zurzeit nicht besetzt, bitte zahlen Sie beim Schwimmmeister“. Ich schlendere vorbei an der verwaisten Eislaufbahn und lasse auch die Umkleidekabinen rechts liegen. Da sie im Winter auch als Umkleide für den Schuhwechsel zum Eislaufen dienen, sind sie zwar vielleicht zweckmäßig, entbehren aber einen gewissen Charme. Das Schwimmerbecken dampft, was mich hoffen lässt, dass die Wassertemperatur die der Luft überbietet, aber ich zwinge mich beharrlich, nicht auf die Tafel zu schauen, auf der die aktuelle Wassertemperatur zu lesen ist. Das kühle Nass macht seinem Namen hier Ehre, denn es wird nur von der Sonne beheizt und da die sich in den letzten Tagen rar gemacht hat, kann die Wassertemperatur nicht viel zu bieten haben. Wenn ich aber erst einmal 18 Grad gelesen habe, scheint es mir schier unmöglich zu sein, auch nur einen kleinen Zeh ins Wasser zu stecken. So kann ich mich wenigstens der Illusion hingeben, die 20-Grad-Marke sei überschritten.

„Morgen!", ruft der Schwimmmeister mir zu, ich erwidere „Morgen!", und lege ihm das Eintrittsgeld in die Hand. „Sie haben viel Platz", grinst er und deutet auf das leere Becken, in dem das Wasser blau und ruhig auf seine Schwimmer wartet. Ich nicke nur und beschließe, den Umstand, dass außer mir kein weiterer Badegast da ist, nicht weiter zu interpretieren. Schon während ich mich auf der Bank meiner Kleider entledige, bekomme ich eine Gänsehaut. Der innere Schweinehund verhält sich zum Glück still, weil er weiß, dass er heute schon genug bewegt hat. Todesmutig werfe ich die eiskalte Dusche an, springe – ah- und oh-Laute ausstoßend – hin und her bis ich schließlich meine, dass das als Vorspiel reichen muss, denn immerhin sind die meisten Körperteile nass. Wenn man in kaltes Wasser gehen will, hilft nur eins: Man muss es schnell tun.

Zögert man erst einmal und fängt an darüber nachzudenken, wie unangenehm die Kälte von den Füßen bis zum Herz hochsteigt, wird es schwerer. Ich beiße die Zähne zusammen, nehme zwei Stufen, lasse mich dann ins Wasser fallen und schwimme los als wolle ich einen neuen Weltrekord aufstellen. Mark Spitz hätte schwer zu kämpfen gegen mich.

Mein Gehirn ist schockgefroren und nur mein innerer Schweinhund schwadroniert: „Du bist ja irre! Wie kann man sich das freiwillig antun? Am Ende überleben wir das nicht …!“ Als ich nach den ersten 50 Metern anstoße, wird es besser und ich nehme mein Tempo zurück, schwimme gleichmäßig weiter und nehme jetzt auch wieder die Umgebung wahr: Das Wasser ist ruhig und weicht nur durch meine Armbewegungen zur Seite, rings um mich herum nichts als sattes Grün: der Rasen, die Bäume und Sträucher. Kein Geräusch stört die Stille und ich merke, wie sie sich auf mich überträgt und ich eins werde mit der Natur. In diesem Moment durchströmt mich ein unglaubliches Glücksgefühl. Wie wichtig ist eigentlich so ein Gutachten? Hier und jetzt ist das Leben und hier und jetzt freue ich mich unbändig über die Freiheit, morgens um halb zwölf im menschenleeren Schwimmbad zu sein. Gibt es etwas, das wichtiger ist? Alle Unruhe fällt von mir ab. Die nächsten neun Bahnen denke ich nicht mehr ans kalte Wasser, nicht mehr an meine Arbeit, sondern genieße nur noch die Leichtigkeit und das Gefühl, dieses weiche, saubere Wasser auf der Haut zu spüren. Aber mit einem Mal ist dann die Kälte wieder da, schneidet wie eine feine Schnur an meinem Hals, macht es mir schwer, die Finger zuammenzuhalten. Vielleicht sollte ich aufhören?

In diesem Moment kommt der Schwimmmeister Richtung Becken. Er ist kein Mann der großen Worte und fragt auch jetzt nur: „Kalt?“ „Sehr!“ „18,1 Grad an der Oberfläche, unten weniger!“ „Habe ich beinah befürchtet, mir schnürt es fast die Luft ab.“ Ich beschließe noch einmal hinten anzuschlagen, um die Bahn vollzumachen und dann rauszugehen. Als ich an der Treppe ankomme, kommt der Schwimmmeister zum Beckenrand, in der Hand einen Pott Kaffee. „Mit Milch und Zucker?“ Ungläubig starre ich ihn an. „Ich dachte, vielleicht hilft was Heißes …“ „Bisschen Milch bitte!“ Er schüttet mir Milch in den Kaffee und grinst: „Vielleicht hilft er.“ Ich stehe im eiskalten Wasser und trinke den heißen, starken Kaffee. Während ich noch darüber nachdenke, was ich für ein Glück habe, kommt Wind auf und die Sonne bricht auf einmal durch die Wolkendecke, vergrößert in Sekunden das blaue Loch, das sie sich am Himmel geschaffen hat. Das Wasser sieht jetzt noch blauer aus und das verwaiste Schwimmbad mit seinem weißen Häuschen, dem hellen Grün des Rasens und dem dunkleren der Bäume, die leicht im Wind rauschen, strahlt wie frisch poliert. Mir ist immer noch kalt, aber die Atmosphäre ist jetzt so unbeschreiblich, der Geruch von frischem Wasser, sattem Grün und starkem Kaffee so intensiv, dass mein innerer Schweinehund zufrieden seufzt. „Boah, ist das schön, komm wir machen mal noch paar Bahnen.“ Ich schaffe noch 200 Meter, während der mein Gutachten im Kopf fertig geschrieben wird. Gleich brauche ich es nur noch in den Laptop zu übertragen.

La Bambola

Wenn sie dem lieben Gott was übel nimmt, dann ist es die Tatsache, dass er sie ausgerechnet in Solingen das Licht der Welt erblicken ließ. Ein paar Kilometer weiter und sie hätte als Rheinländerin geboren werden können, wäre eine Frohnatur gewesen und hätte sich von Altweiberfasching bis Aschermittwoch abgeschossen. Aber nein, es musste unbedingt das Bergische Land sein, mit seinen Menschen, die so viel Charme haben wie ein Sack Zement, und die so leidenschaftlich sind wie ein Schneemann in der Tauphase. Und einer dieser Menschen ist sie selbst, wie sie da in ihrem Wagen sitzt und verkrampft das Lenkrad festhält. Was die Solinger allerdings richtig gut beherrschen, ist das Betätigen ihrer Hupe, das bemerkt sie in diesem Moment, als sie sich beim Hupkonzert um sie herum fühlt wie in Neapel zur Rush-Hour. Nur, dass die Italiener zum Spaß hupen und es hier bitterer Ernst ist! Anlass dieses unschönen Konzertes ist sie, weil sie beim Umschlagen der Ampel auf Grün nicht gleich auf ihren Vordermann aufgeschlossen hat. Sie kümmert's jedenfalls nicht, ob sie in der sich mühsam durch die Stadt schiebenden Blechlawine ein paar Meter weiter vorne oder hinten steht. Stehen ist Stehen, aber das sehen ihre Staupartner anscheinend anders, da zählt offensichtlich jeder Zentimeter. Nur weil die Solinger sich entschlossen haben, sich von ihren Betonklötzen zu trennen und jetzt auch das Gebäude abreißen, in dem ehemals ihre Freunde und Helfer residiert haben, wodurch die Goerdeler Straße in Teilen gesperrt ist, stehen sie jetzt zur Feierabendszeit schon zig Kilometer vorher zweispurig in Reih' und Glied nebeneinander, starren geradeaus, nun selbst wie Betonklötze.

Es ist heiß im Auto und sie hat die Fenster geöffnet, auch wenn es keinen Stehwind gibt, der ihr frischen Wind ins Gesicht blasen würde. An einem anderen Tag, einem anderen Ort und in besserer Stimmung hätte sie diesen Tag vielleicht sogar als einen guten Tag bezeichnet, denn der Himmel ist wolkenlos und die Sonne offensichtlich entschlossen bis in die Abendstunden alles zu geben. Von ihrer CD mit den Italo-Sommerhits lässt sie keinem eine Chance, keinem außer Patty Bravo mit ihrem „La Bambola", das sie in die Endlosschleife geschickt hat und sicher zum fünften Mal hört. Aus dem Wagen nebenan tritt Grönemeyer mit ihrer Patty in Konkurrenz und sie fühlt sich in ihrem Hörvergnügen gestört. Dass sie jetzt in der Pool-Position an der Ampel steht und ihr Wagen eindeutig höher ist als der links neben ihr stehende, gibt ihr ein Gefühl von Macht und zum ersten Mal wechselt sie ihre Blickrichtung von stur geradeaus auf scharf links. Wer so laut Grönemeyer hört, der hat den bösesten ihrer möglichen Blicke verdient!

Es sind die größten und blausten Augen, in die sie je gesehen hat, die da zu ihr hochsehen und es sind die längsten dunklen Wimpern, die diese Augen umrahmen und es ist das weichste blonde Haar, das dieses Gesicht umrahmt und es ist das schönste Lächeln, das ihr je ein Kerl geschenkt hat. Ihre eben noch angespannte Mimik lockert sich. Sie zieht die Mundwinkel nach oben, hofft, dass so eine Art Lächeln dabei herauskommt. Er beugt sich ein Stück nach vorne, wahrscheinlich dreht er jetzt das Radio voll auf, um ihr zu imponieren. Aber nein, er macht es aus. Sie dreht Frau Bravo den Saft ab, schaut wieder zurück zu ihrem

Nachbarn, der sie immer noch lächelnd ansieht und erst jetzt, als sie ihn fixiert, scheu wegsieht. Sie nutzt den Moment und schielt auf die Frau, die den Wagen fährt: deutlich älter als er, wahrscheinlich seine Mutter. Er schaut sie wieder mit seinen großen Augen an und lächelt wieder auf diese unglaublich offene und liebevolle Art. Wahrscheinlich läuft gleich ihr Herz über und setzt den Innenraum ihres Wagens unter Wasser … Blödsinn, natürlich! Blut, unter Blut! Sie schüttelt sich bei der Vorstellung und sein Lächeln wird womöglich noch breiter. Sie lächelt zurück und schmilzt dahin. In diesem Moment fährt die Frau am Steuer los und sie beeilt sich auf gleicher Höhe zu bleiben. Zum Glück fahren sie beide nur ein paar Meter bis sie an der nächsten Ampel stehen. Augenblicklich schaut sie wieder nach links. Ja, er ist noch da – ein Hoch auf die Solinger Stadtplaner und ihre Liebe zu Ampeln! Jetzt! Jetzt könnte sie etwas sagen, irgendetwas Nettes, Geistreiches, Lustiges, aber ihr Kopf ist leer. Ist auch irgendwie logisch, denn ihr ganzes Blut ist ja im Herz. Er sagt auch nichts, aber er schaut unaufhörlich zu ihr hoch, in seinen Augen liegt alle Unschuld dieser Welt, in seinem Lächeln aller Charme. Die Frau am Steuer hat jetzt den Flirt bemerkt, aber sie grinst sie nur kurz an, dann schaut sie wieder auf die Ampel; ihr Beifahrer und sie sich weiter unaufhörlich in die Augen. Sie beide trennt ein Meter Asphalt, aber sie hat das Gefühl, dass sie nichts trennt.

Das Hupen hinter ihr lässt sie aufschrecken und schuldbewusst tritt sie aufs Gaspedal. Die Fahrerin neben ihr zieht nach. Sie fahren auf gleicher Höhe, immer wieder schaut sie nach links – er schaut sie an und lächelt lieb. Und dann zieht der Wagen neben ihr nach links, er biegt hier ab und sie muss weiter geradeaus fahren, unerbittlich getrieben von der Kolonne hinter ihr. Noch einmal sieht sie hinüber. Ein Hauch von Traurigkeit mischt sich in sein Lächeln und dann geschieht das Unglaubliche: Er hebt seinen rechten Arm aus dem offenen Fenster, als wolle er ihr die Hand geben. Sie streckt ihren linken Arm soweit sie kann hinaus, es sind Bruchteile von Sekunden, in denen ihre Hände sich beinah berühren und dann zieht sie an dem Wagen vorbei. Jetzt fließt der Verkehr auf einmal, so als sei ein Knoten geplatzt. Der Fahrer rechts neben ihr lässt sie mit einem charmanten Handzeichen mühelos in die rechte Spur einscheren. Es ist ein schöner Sommertag und sie ist Solingerin und sie ist es gerne. Und sie hat gerade Minuten voller Nähe erlebt mit einem Typen, mit dem sie nichts verbunden hat als cin paar Augenblicke und ein Lächeln. Er war blond und hatte die schönsten Augen, die sie je gesehen hatte. Wie alt mochte er sein? Sie ist nicht gut im Schätzen, aber vermutlich zwischen neun und elf. Die ältere Dame am Steuer, seine Mutter, musste in ihrem Alter gewesen sein. Sie lässt Patty Bravo wieder singen und fühlt sich wie La Bambola.

Heimweh

Alleine in Urlaub zu fahren, ist großartig! Man kann genau das tun, was man tun will: so lange schlafen wie man will – wobei die Betonung auf Schlafen liegt, denn es liegt keiner neben einem, der einen durch ächzende, röhrende, schnorchelnde, schnalzende Geräusche oder einer Mischung aus allem daran hindert. Ich bin noch nie durch mein eigenes Schlafgebrabbel nicht eingeschlafen oder aufgewacht, sondern immer durch das der neben mir liegenden Person. Ich drücke es bewusst sächlich aus, obwohl ich der Meinung bin, dass das Schnarchen eine der wenigen Domänen ist, die wir den Männern überlassen sollten. Man kann frühstücken, ohne sich vorher die Haare gekämmt und den Schlaf aus den Augen gerieben zu haben, weil niemand da ist, vor dem es einem peinlich sein müsste, morgens nicht auszusehen wie Aphrodite. Notfalls könnte man sogar mit Lockenwicklern am Tisch sitzen, aber es ist ja kein Notfall, denn fernab der Gegenwart eines Mannes brauchen wir auch keine Locken mehr. Man kann einfach dasitzen, wenn man will, auch noch mit einem Bein auf dem leeren Stuhl gegenüber, was ja an sich schon etwas Archaisches hat, ohne darüber nachzudenken, was man wohl Gescheites antworten würde, wenn man jetzt gefragt würde, an was man gerade denke.

Man kann sich den Tag so gestalten, wie man will, ohne zu fragen: „Schatz, was möchtest DU denn heute machen?“, und im Vorfeld zu wissen, dass jede Antwort auf diese Frage sowieso falsch ist. Antwortet er: „Entscheide du das, Liebling, ich richte mich ganz nach dir“, sind wir enttäuscht und werfen ihm insgeheim vor, er mache es sich eben immer leicht und sei völlig ideen- und antriebslos. Macht er dagegen einen Vorschlag, sind wir sauer, weil er mal wieder so grenzenlos egoistisch ist. So gesehen, steht jedes Vorhaben unter einem schlechten Stern, weil wir uns schon vorher geärgert, aber nichts gesagt haben, und dann unseren Frust darüber über den Tag verteilt tröpfchenweise über ihm ausgießen. „Sag mal, Schatz, kann es sein, dass du ein paar Haare verlierst? Ich habe heute Morgen mindestens 10 auf dem Kopfkissen gefunden!" Ja, wir verstehen uns darauf, kleine feine Früstchen zu formulieren und wundern uns dann, dass er das auch kann: „Liebling, kann es sein, dass die neue Hose ein bisschen eng um den Hintern ist?" „Die ist nicht neu!" „Nein? Ach, dann ist es mir bisher wahrscheinlich nur nicht aufgefallen, dass die ein bisschen aufträgt. Ich gehe ja auch so selten hinter dir her!"

Ich erfreue mich an den Gedanken daran, das ich mir all das nicht antun muss und beschließe nach einem gesunden Müesli, das allerdings durch 4 Tassen Kaffee und eine Zigarette neutralisiert wird, eine Wanderung zur Burg Arras zu machen. Dass Burgen selten in Tälern liegen, ist mir wohl bekannt, aber dass der Anstieg so steil und beschwerlich sein würde, hatte ich nicht vermutet. Immer wieder muss ich anhalten, um mir an diesem einen warmen Tag mitten im verregneten Sommer den Schweiß von den Wangen zu wischen und durchzuatmen. Ein Rentnerehepaar überholt mich leichtfüßig – wahrscheinlich sind die beiden schon länger hier, ich muss mich halt erst an die Höhenluft der Mosel gewöhnen. Oben angekommen, habe ich dafür einen herrlichen Ausblick und der zweite Teil der Wanderung überzeugt durch abschüssige Wege und ein Tretbecken, dass ich mir mit einer an der Wand hängenden

Schnecke und zwei Regenwürmern teile. Alles in allem ist es aber phantastisch und ich spüre das Leben in mir pulsieren. Es pulsiert so lange bis ich in meinem Feriendomizil angekommen und in den Liegestuhl geplumpst bin. Dort fallen mir schlagartig die Augen zu. Ich kann nicht ganz ausschließen, dass mir das Kinn auf die Brust gefallen ist und der Mund offen steht, denn als ich wach werde, muss ich mir einen kleinen Speichelfluss vom Mundwinkel reiben. Ich schaue mich unauffällig um, aber nein, ich bin allein, Gott sei Dank!

Beim Blick in den Spiegel stelle ich fest, dass es wirklich ein sehr sonniger Tag war, aber ich tröste mich damit, dass ich noch fast eine Woche Zeit habe die Röte in Bräune zu verwandeln, mutmaße allerdings, dass meine Kosmetikerin in Solingen die Hyaloron-Packung etwas dicker auftragen muss.

Das Müesli liegt nun schon beinah acht Stunden zurück und mein Magen signalisiert mir, dass es Zeit zum Abendessen ist. Ich nehme Kurs auf eine Pizzeria, die mir auf der Herfahrt aufgefallen ist. Sie hat eine herrliche Terrasse mit Blick auf die Mosel. Dort angekommen, habe ich die Wahl zwischen einem Zweiertisch an der Treppe oder einem Vierer mit Aussicht. Ich entscheide mich für die Aussicht, auch wenn das sicher nicht im Sinne des Kellners ist. Ob es ein guter Abend werden wird, entscheidet allein seine Ansprache. Wird er mich mit „junge“ oder mit „gnädige Frau“ ansprechen? Er wählt die Mitte und fragt: „Die Karte für die Dame?“ Das ist entschieden schlechter als „junge Frau“, aber doch bedeutend besser als „gnädige Frau“. Ich entscheide mich für den Salat mit Pute, wenn auch Pute keine positiven Assoziationen in mir weckt, aber so kann ich davon ausgehen, dass ich nicht allzu lange warten muss. Denn hier muss ich Abstriche machen – alleine zu verreisen ist großartig, alleine essen zu gehen langweilig.

Was bleibt einem anderes übrig – nachdem man drei-, viermal die Mosel rauf- und runtergeguckt hat – als über die anderen Gäste nachzudenken. Dabei gibt es genau zwei interessante Fragen. Die erste „Wer von den hier Anwesenden wird wohl als Erster ins Gras beißen?“, erscheint mir für meinen ersten Urlaubstag eher unpassend und verursacht mir mulmige Gefühle, also entscheide ich mich für die zweite: „Wer von den hier anwesenden Gästen hatte wohl letzte Nacht Sex?“ Am liebsten wäre es mir, wenn in diesem Moment rote Lämpchen auf der Stirn der Gäste blinken würden, wenn sie zu den Glücklichen gehören, aber da das nicht der Fall ist, muss ich der Antwort auf diese Frage selbst auf die Spur kommen.

Am Tisch vor mir sitzen zwei Frauen um die vierzig, eine von ihnen trägt ein Sweatshirt mit der Aufschrift „Princess in love“ – ein Hinweis? Die andere der beiden hat eine rote Kurzhaarfrisur mit einer breiten blonden Strähne, ihre Ohrläppchen sind nicht zu erkennen, weil ein Piercing sich an das andere reiht. Schräg gegenüber sitzt eine etwa 65-jährige Blondine mit ihrer nicht minder blonden Mutter. Die beiden rauchen unaufhörlich, wodurch sie womöglich die Peinlichkeit kompensieren, dass sie kein Wort miteinander reden. Interessanter Nebeneffekt, den ich unter dem Tisch bemerke: beide tragen Sandalen mit Strümpfen. Damit ist die Frage schon geklärt: Wer Sex hat, trägt keine Strümpfe in Sandalen, niemals!

Etwas aufregender geht es am Tisch schräg gegenüber zu – die junge Frau und der dazugehörige Mann versetzen sich Fußtritte, die allerdings aufgrund ihrer Deftigkeit jeglicher erotischen Komponente entbehren und mich vermuten lassen, dass die beiden non-verbal austragen, wer die Zeche übernimmt. Am großen Tisch sitzt ein Ehepaar Mitte dreißig, freundlich, sympathisch, einzig auffallendes Detail: sie haben 4 Kinder zwischen etwa zwei und acht. Damit scheiden sie für den Sex am Vorabend aus, weil sie einfach zu müde waren. Die beiden Herren hinter mir, die ich nicht sehen, aber hören kann, scheiden auch aus, weil ich mitbekomme, dass sie seit zwei Tagen auf Geschäftsreise und gestern auf dem Weinfest ziemlich abgestürzt sind. Sie haben sich also für eine andere Art des Rauschs entschieden.

Ich bin schon sicher, dass nur die Princess in Love und ihre gepiercte Begleiterin übrig bleiben, als der italienische Kellner mir den Salat und ein Brotkörbchen bringt, in das er dezent einen Zettel gleiten lässt. Ahnungsvoll, aber doch neugierig falte ich ihn auf und lese: „Ich habe um 11 Uhr Feierabend. Haben Sie Lust noch was trinken?“ Nein, ich habe keine „Lust noch was trinken“, aber wahrscheinlich hat er auf meiner Stirn irrtümlich die grüne Lampe leuchten sehen: „Ich hätte gerne Sex heute Abend.“

Alleine zu verreisen ist großartig, aber in diesem Moment wäre es doch ganz schön, einen Begleiter gegenüber zu haben. Eines ist jedenfalls damit sicher: Beim italienischen Kellner brennt die rote Lampe. Morgen wahrscheinlich auch wieder, ist ja noch früh. Der Salat schmeckt trotz der

Anmache ausgezeichnet und ich lasse nur ein Blättchen übrig, das ich mir auf die oberen Schneidezähne klebe. Als ich den kontaktfreudigen Kellner um die Rechnung bitte, schenke ich ihm – anstelle einer Antwort auf seine Frage – mein breitestes Lächeln. Und morgen … Morgen fahre ich nach Hause, ich will nicht noch einmal allein hier sitzen müssen. Die Wupper ist mindestens genauso schön wie die Mosel, der Anstieg nach Schloss Burg nicht halb so beschwerlich und wenn ich abends Essen gehe, dann brauche ich mir über das Sexualleben meiner Restaurantnachbarn keine Gedanken zu machen, weil ich immer jemanden habe, mit dem ich darüber quatschen kann. Wie lange ist es eigentlich schon her, dass ich das letzte Mal mit der Mutti Bergisch Kaffeetrinken war? Mein Herz macht ein paar ungewohnte Sprünge. So fühlt sich also Heimweh an.

Nur nicht aus Liebe weinen

„Nur nicht aus Liebe weinen, es gibt auf Erden nicht nur den Einen“, singt es die ganze Zeit in meinem Kopf, während die Tränen mir unaufhörlich über die Wangen laufen. Meine Wimperntusche ist nicht tränenecht, ich kann also davon ausgehen, dass ich inzwischen aussehe wie eine Vogelscheuche. Allerdings erfülle ich als solche im Moment nicht meinen Zweck, denn um kurz vor Mitternacht schlafen Amsel, Drossel, Fink und Star und die ganze Vogelschar. Na, Gott sei Dank, endlich mal ein anderes Lied in meinem Kopf, aber nicht lange, dann geht es wieder los: „Nur nicht aus Liebe weinen …“, und automatisch nimmt der Tränenfluss wieder zu. Ich bin noch nie um diese Uhrzeit im Wald gewesen und normaler-weise hätte ich mich wohl gefürchtet, denn es ist so dunkel, dass ich die Taschenlampe meines IPhones brauche, um einen Fuß vor den anderen setzen zu können. Normalerweise wäre ich um diese Stunde gar nicht im Wald, aber heute ist eben nicht „normalerweise“, heute ist „besondererweise“, heute ist der 4. Mai und ich gehe sterben. Bis ich an dem Ort meines Ausscheidens aus dem Leben angekommen sein werde, wird der neue Tag begonnen haben, der 5.5. und das ist allerdings perfekt, denn fünf ist meine Lieblingszahl.

Eigentlich hat alles ganz banal angefangen. Wir haben über Beziehungen geredet und festgestellt, dass unsere auch nach 23 Ehejahren doch gar nicht so schlecht ist, aber dann habe ich eine falsche Frage gestellt. Die Frage, ob er mich wohl noch mal heiraten würde. „Nein“, hat er gesagt und mich dabei angelächelt, „ich würde weder dich noch irgendjemand anders heiraten, wenn ich die Wahl hätte.“

„Aber…“, habe ich gestammelt, „wieso bist du dann immer noch mit mir zusammen?“ Er hat einen Moment überlegt und dann ganz ruhig gesagt: „Weil du ein netter Mensch bist!“ Ziemlich hysterisch habe ich seinen Satz wiederholt: „Weil ich ein netter Mensch bin???“ „Ja“, hat er geantwortet und überhaupt nicht verstanden, was an diesem Satz falsch sein sollte. Was ich dann gesagt habe, weiß ich nicht mehr, aber ich nehme an, dass es nicht besonders sachlich war, denn er hat unser Gespräch mit den Worten beendet: „Wir reden wieder miteinander, wenn du dich beruhigt hast.“

Ich habe mich nicht beruhigt und wir haben nicht mehr geredet. Später ist er wortlos ins Bett gegangen und ich habe jedes seiner Worte seziert. „Nett“, ja, die Bäckersfrau bei uns um die Ecke ist nett, der Hund unseres Nachbarn ist ein nettes Tier, aber über eine Ehefrau kann man doch nicht sagen, sie sei nett! Wenn er mir wenigstens eine handfeste Affäre gestanden hätte, irgendeine andere Frau gebeichtet, dann hätte ich kämpfen können. Aber gegen „nett“ bin ich machtlos. Ich bin also nicht die Frau seiner Träume, keine aufregende, erotische, kluge Amazone, sondern einfach ein netter Mensch. Mit diesem vernichtenden Urteil kann ich nicht leben! Ich habe einen Abschiedsbrief geschrieben, noch einmal daran erinnert, welche Musik bei meiner Beisetzung gespielt werden soll, sicherheitshalber noch eine kleine Rede verfasst, die der Pfarrer halten soll, nur um sicher zu gehen, dass mir nicht im Sarg übel wird, weil zu diesem Anlass auch noch die falschen Worte gewählt werden und dann habe ich Türe knallend das Haus verlassen. Dickfällig wie er ist, hat ihn nicht einmal das veranlasst mir nachzulaufen. Wahrscheinlich ist seine größte Sorge, dass die Tür Schaden genommen haben könnte!

Ob er seine Worte bereuen wird, wenn ich tot bin? Ob er wohl weinen wird, wenn mein Sarg in die Erde eingelassen wird? Ob überhaupt irgendjemand weinen wird, wenn ich weg bin? Und wer wohl alles kommt? Ich hätte schon gerne eine große Beerdigung, aber wahrscheinlich wird ihm das zu teuer und ich habe dummerweise nicht für mein Begräbnis gespart. Das Ärgerliche am Tod ist, dass man keine Antworten mehr auf all diese Fragen bekommt, ja, das ist zu ärgerlich, denn eigentlich ist doch keine Beisetzung so spannend wie die eigene.

Ich bin angekommen. Es ist ein großartiger Ort zum Sterben! Bewusst habe ich mir nicht die Müngstner Brücke ausgesucht, denn von da springen sie alle, das ist nichts Besonderes mehr. Allein beim Bau der Brücke sollen ja sechs Menschen ums Leben gekommen sein. Nein, ich will einen individuellen Sterbeort und habe mich für die Staumauer an der Sengbachtalsperre entschieden. Dort ist ein riesiges Gerüst aufgebaut worden, weil die Mauerluftseite restauriert wird. Dieses Gerüst erinnert mich an die Verhüllung des Reichstags und gibt der ansonsten unauffälligen Mauer eine Hollywood-Kulisse. Ich habe es mir leichter vorgestellt über den Zaun zu klettern und die Spitzen am oberen Ende tun mir weh zwischen den Beinen, aber dann habe ich es geschafft und stehe auf dem Gerüst, schaue nach unten. In meinem Kopf singt es unaufhörlich: „Nur nicht aus Liebe weinen …“, und die Tränenproduktion wird wieder angeregt. Gott ist das hoch, wenn man hier oben steht; da ist man todsicher tot, wenn man unten ankommt. Mich fröstelt es und ich schlinge die Arme um den Körper, trete einen Schritt nach vorne. Mit einem Fallschirm könnte es gehen, geht es mir durch den Kopf und ich höre mich lachen. Das ist definitiv der falsche Ansatz, wird mir bewusst. Es geht hier nicht ums Überleben, sondern ums Sterben! „Nur nicht aus Liebe weinen, es gibt im Leben nicht nur den Einen“, singe ich jetzt laut in die Nacht hinein, um mich wieder in den Modus aus Drama und Verzweiflung zu bringen, aber es gelingt nicht mehr. Aus irgendeinem Grund ist die Tränenquelle versiegt. Wie gerne hätte ich jetzt einen Schminkspiegel und ein Augen-Make-Up-Entfernertuch – ich möchte wirklich gerne hübsch aussehen, wenn ich unten ankomme! Wieder verfluche ich meine schlechte Planung. „…es gibt so viele auf dieser Welt, ich liebe jeden, der mir gefällt!“, singt es in mir.

Wenn ich jetzt springe, werde ich keinen Mann mehr lieben können, weder meinen eigenen noch irgendeinen anderen. Vielleicht ist es auch gar nicht so wichtig, ob mein Mann mich liebt, vielleicht ist es viel wichtiger und schöner, dass ich liebe?! Mir wird schwindelig, ich hatte ganz vergessen, dass ich Höhenangst habe. Das hätte ich bei meiner Sterbeplanung auch berücksichtigen sollen! Aber hatte ich eine Alternative? Mit einem Messer die Pulsader aufschneiden, funktioniert nicht, weil ich kein Blut sehen kann. Beim Aufhängen pinkelt man sich in die Hose, das wollte ich auf keinen Fall! Und für den besten aller Freitode, das Erfrieren, haben wir definitiv die falsche Jahreszeit! Mir ist allerdings trotzdem saukalt und ich gäbe was um einen heißen Kakao mit Rum und viel Sahne!

Was mache ich hier eigentlich? Ganz schön gefährlich, so nah am metertiefen Abgrund zu stehen. Eine falsche Bewegung und das war's mit mir! Nichts wie weg hier! Ich mache einen Schritt rückwärts, die Tiefe nicht aus den Augen lassend. Das Gerüst knarrt und ich halte mich an den Streben fest, klettere gleichermaßen schnell wie vorsichtig zurück über den Zaun und atme tief durch. Das war knapp! Jetzt gehe ich nach Hause zu meinem Mann, der sich wahrscheinlich schon schreckliche Sorgen um mich macht und der nach 23 Ehejahren immer noch findet, dass ich ein netter Mensch bin. Das ist doch so schlecht auch nicht! Es gibt Paare, die hassen sich regelrecht oder gehen sich aus dem Weg. Wir können immer noch zusammen lachen! Ja, jetzt gehe ich nach Hause, koche mir einen Kakao und dann werde ich zuerst einmal googlen, wer dieses Lied gesungen hat. Man kann unmöglich sterben, wenn noch nicht alle Fragen beantwortet sind, und schon gar nicht an einem so schönen Datum wie dem 5.5.

Ein Dank geht post mortem an die wunderbare Zarah Leander.

Amazonas oder Hauptsache geküsst

Nein, sie will nicht als Ameise wiedergeboren werden, auch nicht als Regenwurm oder Eichhörnchen, das ist ihr erster Gedanke an diesem Montagmorgen. Wahrscheinlich liegt das an diesem Buch, das sie gerade liest, in dem es um Karma und Reinkarnation geht. Bisher ist sie immer davon ausgegangen, dass sie irgendwann in eine Holzkiste gelegt und ihre Seele von dort in den Himmel wandern wird. Zum lieben Gott, zu ihrem Vater und zu anderen, die dort oben schon auf sie warten. Die Buddhistische Reinkarnationstheorie wirft irgendwie ein ganz anderes Licht auf ihr jetziges Leben. Wenn sie also jetzt nicht genug Gutes tut, dann hatte sie allerbeste Chancen als Insekt oder als Regenwurm wiedergeboren zu werden. Da dieser Gedanke ihre ohnehin trübe Montagmorgenstimmung weiter verdüstert, springt sie aus dem Bett und in ihre Jogginghose, um sich dann dem mit Abstand besten Gefühl dieser frühen Stunde hinzugeben: dem Entleeren ihrer Blase. Im Spiegel sieht sie eine Mischung aus Schneeweißchen und Pumuckl auf Ecstacy. Nein, das ist eine Beleidigung für den kleinen Rotschopf, ganz so gut sieht sie nicht aus!

Die Wupper dampft, während sie neben ihr hertrottet. Noch immer sind ihre Beine müde und ihre Füße graben tiefe Abdrücke in den nassen Waldboden. Dafür ist aber ihr Gehirn hellwach und martert sie mit den folgenden Gedanken: „Sommer. Sonne. Urlaub. Nicht für dich! Du wirst in diesem Jahr nicht verreisen, weil du keine Knete hast. Kein Strand, keine Urlaubsliebe. Gar nix! Du wirst die Postkarten deiner Freunde lesen, die sie dir vom Amazonas oder zumindest von Mallorca schreiben. Wenn sie dir schreiben!“ Eine kleine miese Stimme in ihr erinnert sie an das Karma-Thema. Hat sie schon schlechtes Karma dadurch gesammelt, dass **sie** nie einem Daheimgebliebenen geschrieben hat? Wenn nur irgendetwas an dieser Reinkarnationsidee dran ist, muss sie dringend gutes Karma sammeln, wenn sie auch nur die geringste Chance haben will, wenigstens als Pudel wiedergeboren zu werden.

Es ist still im Wald, unheimlich still, und es riecht nach Moos und nach nassem Laub. Der Fluss schlängelt sich gemächlich durch das Bergische. Zweige riesiger Bäume hängen ins Wasser und verbinden sich mit niedrigen Pflanzen zu einem undurchdringlichen Geflecht. Beinah wie am Amazonas, geht es ihr durch den Kopf, bloß dass die riesigen Bäume keine Mangroven, sondern Buchen sind. Mit dem Handrücken wischt sie sich den Schweiß von der Stirn, damit er ihr nicht in die Augen tropft. Ist es immer so still hier? Und was, wenn jetzt Godzilla aus dem dichten Wald hinter der Wegbiegung hervorprescht?!

In diesem Moment stockt ihr der Herzschlag, denn es prescht tatsächlich etwas um die Ecke und hält geradewegs auf sie zu. Als ihre Gedanken wieder vom Reptilien- ins Großhirn zurückgekehrt sind, atmet sie durch: Das ist definitiv nicht Godzilla, sondern ein hübscher braun-weißgescheckter Boxer, dem die Zunge genauso aus dem Hals hängt wie ihr. Kurz bevor er ihr die Kehle durchbeißen kann, ehe sie noch genug gutes Karma gesammelt hat, hört sie eine Stimme: „Karl-Otto, nicht springen!“ Die Stimme gehört zu einem etwa 70-jährigen Mann, offensichtlich dem Hundeherrchen, das dem Boxer auffallend ähnlich sieht.

„Entschuldigen Sie bitte“, spricht er sie kleinlaut an. „Karl-Otto liebt schöne Frauen und will sie immer auf der Stelle küssen!“ Die Vorstellung von einem sabbernden Boxer geküsst zu werden, ist nun nicht das, wovon sie geträumt hat, als sie 17 war, aber jetzt ist sie dreimal 17 und da macht man Abstriche. Hauptsache geküsst! „Das macht doch nichts“, lächelte sie den Mann an und unterbricht ihren Lauf. Er schaut auf ihr schweißnasses Shirt und dann in ihre Augen: „Ach, Mädchen, mit Ihrem Figürchen brauchen Sie sich doch nicht so zu quälen!“ Sie hört sich schnurren: „Ich quäle mich gerne für Männer wie Sie, die eine 51-Jährige ‚Mädchen' nennen und gerne für Hunde wie Karl-Otto, die solche Mädchen küssen wollen!“ Er strahlt sie an, sie strahlt zurück, während der Boxer genüsslich den Schweiß an ihrer Hand abschleckt.

„Ich wünsche Ihnen beiden noch einen wunderschönen Tag“, unterbricht sie schließlich ihren 7-Uhr-morgens-Flirt und trabt wieder los. Ihr Rücken signalisiert ihr eindringlich, dass die beiden ihr nachsehen. Ein schönes Gefühl! Wer von ihnen hat nun eigentlich gutes Karma gesammelt? Ihre Beine schweben über den Waldboden, springen über eine Nacktschnecke, möglicherweise Freddy Mercury im Anti-Stress-Training?! Es riecht nach Sommer und sie beginnt zu singen: „Wo die Wälder noch rauschen, die Nachtigall singt, die Berge hoch ragen, der Amboss erklingt. Wo im Schatten der Eiche die Wiege mir stand, da ist meine Heimat, mein Bergisches Land.“ Wer will schon an den Amazonas, wenn er die Wupper vor der Tür hat?!

Treffen bei Karstadt

Wie lange sie schon auf das verlassene Karstadt-Gebäude mitsamt seinem Turm starrt, in dem einst ein Hotel und der Modefriseur Dropmann waren, weiß sie nicht. Gedankenverloren trinkt sie ihren Capuccino in dem kleinen Café, von dem aus sie einen perfekten Blick auf den Komplex hat, der ausharrt und auf seine traurige Zukunft wartet: den Abriss. Jetzt ist es nur eine Frage der Zeit, von der sie sich gerade wünscht, sie könnte sie anhalten. Da, wo jetzt Totentanz herrscht, pulsierte einmal das pralle Leben. Dort ist sie als Teenager mit ihrer Freundin Claudia durch die Kosmetikabteilung gestromert, hat hier und da einen Duft getestet oder einen Lippenstift auf die Hand gemalt. Dort haben sie im Untergeschoss Tüten voller bunter Bonbons zusammengestellt, so lange das Taschengeld reichte, oder sich in der Wäscheabteilung über die riesigen Tütenhalter lustig gemacht, die bei ihnen beiden weder benötigt noch geschätzt waren. Hinter dem Haus, auf dem freien Platz vor der Mauer, haben sie sich nach der Schule mit den Jungs getroffen und Dinge getan, die sie ihrer Tochter allesamt verbieten würde, wenn sie wüsste, dass sie sie täte.

Die schönste Zeit liegt aber noch weiter zurück, sie muss zwischen zehn und dreizehn Jahren alt gewesen sein, als sie sich samstags nach der Schule immer um 11.45 Uhr mit ihrer Oma vor Karstadt getroffen hat. Darauf hat sie sich die ganze Woche gefreut. Sie war das erste Enkelkind der Oma und ihr liebstes und sie durfte sich jeden Samstag ein neues Kleid für ihre Barbie aussuchen. Danach waren sie konditorn gegangen, immer ins Café Kramer und sie hatte immer Kakao getrunken mit einem Stück Grillage-Torte dazu. Das Café Kramer war bekannt für seine Grillage-Torte, aber ihre Oma hatte trotzdem die Schokoladensahnetorte genommen. Mädchen ihres Alters gingen selten dorthin, es war ein plüschiges Café für ältere Damen. Eine ältere Dame war ihre Oma mit ihren kaum 60 Jahren damals auch für sie, obwohl sie in erster Linie eine Dame war. Ihre dunkelblauen Kostümchen kaufte sie allesamt bei Mode Vohl, die dazugehörigen Twinsets und weißen Blusen sicher auch. Oft trug sie einen passenden Hut dazu, immer große Ringe mit Amethysten oder Rubinen, ihre goldene Uhr und den großen goldenen Münzanhänger oder eine Zuchtperlenkette mit passenden Ohrklipsen. Sie hatte sie nur ganz selten ohne Lippenstift gesehen. Sie war eine sehr elegante Dame und sie war stolz, wenn sie mit ihr durch die Stadt flanieren durfte.

Sie war ihre Lieblingsoma. War es eigentlich immer so, dass eine Oma die Lieblingsoma war oder war das nur bei ihr so, weil die andere Oma so weit weg und so streng gewesen war? Ihre Lieblingsoma war ihre Verbündete, wenn sie mit deren Schwiegertochter, ihrer Mama, Streit hatte. Sie steckte ihr 30 Pfennig zu, wenn das Taschengeld alle war, damit sie sich nach der Schule bei Kummer drei Kugeln Eis kaufen konnte. Sie bewunderte die Oma. Nur eines verstand sie nicht – warum sie diesen ollen Öhm, ihren griesgrämigen Opa geheiratet hatte. Sie hasste es, wenn sie bei der Oma saß und sie gemeinsam Modezeitungen anschauten und er vom Hof aus rief: „Metti!!! Wann jibt et wat tu freten? Ich hang Hunga!“ Die Oma hatte noch keinen Hunger, denn wenn sie vom Einkaufen heimkam, machte sie sich immer ein Brötchen mit Fleischwurst und trank eine Cola dazu – jeden Tag. Kochen war nicht so ihr

Ding und sie weiß noch, dass es sehr oft Graupensuppe gab. Der Opa drangsalierte sie und alles, was sie sich kaufte, musste sie erst einmal verstecken, um keinen Ärger zu riskieren. Er war nicht immer so, sagte ihre Oma dann, erst als er mit einem steifen Bein aus der Kriegsgefangenschaft gekommen ist, da war er ein anderer. Ihre Mama hatte eine andere Theorie dazu: „Dein Opa war ein wohlhabender Mann, deine Oma ein hübsches, aber mittelloses Mädchen vom Rathland. Sie hat ihn wegen des Geldes geheiratet.“ Sie hat das nicht für möglich gehalten und auch die Theorie ihrer Mutter, dass die Oma einen Geliebten hätte, fand sie völlig an den Haaren herbeigezogen. Natürlich fuhr sie alleine in Urlaub, in den Schwarzwald, zur Insel Mainau oder in den Odenwald, denn der Opa interessierte sich nicht für Urlaub, er interessierte sich auch nicht für sie, weil sie ein Mädchen war und als Nachfolgerin im Betrieb nicht in Frage kam. Das Erstgeborene hätte in jedem Fall ein Junge sein müssen, das ließ er sie immer wieder wissen. „Mach dir nichts draus“, sagte die Oma dann und streichelte ihr Gesicht. „Wenn der Öhm mal tot ist, dann bist du ein bisschen älter und dann fahren wir beide nach Italien.“ Und dann zeigte sie ihr Bilder von Italien in einem Reisekatalog und sie freute sich auf ihre gemeinsamen Reisen.

Dazu war es nicht mehr gekommen, denn eine Woche vor ihrer Konfirmation war die Oma gestorben und der olle Öhm hatte sich eine Freundin gesucht, der er teure Kleider und Schmuck geschenkt hatte. Auf einmal war er sehr großzügig gewesen und er zog auch sein steifes Bein weniger nach. Warum er fortan Stammkunde bei einem Urologen war, war ihr damals nicht klar.

Sie hat oft von ihrer Oma geträumt, meist waren es schlimme Träume, in denen sie noch lebte, **sie** aber vergessen hatte, sie zu besuchen. Sie hat die Oma nicht vergessen, bis heute nicht. Wahrscheinlich war sie nur eine attraktive Frau, die das Leben liebte und versuchte, ihm seine besten Seiten abzugewinnen. Wahrscheinlich hatte sie keine großen Talente und noch nicht einmal einen Schulabschluss, aber sie war ihre Oma, die sie lieb gehabt hatte und die für viele schöne Stunden ihrer Kindheit verantwortlich gewesen war und damit war sie eine ganz großartige Frau.

„Wie bitte?" „Möchten Sie noch einen Capuccino?", wiederholt die junge, freundliche Kellnerin ihre Frage. „Ja, gerne. Und … haben Sie vielleicht Grillage-Torte?" „Was für eine Torte?", fragt sie unsicher. „Schon gut, war nur so eine Idee. Es bleibt beim Capuccino." Das Karstadt-Kaufhaus ist tot und bald wird niemand mehr wissen, welch munteres Treiben dort einmal herrschte. Ihre Oma ist tot, aber nicht ganz, so lange **sie** noch lebt. Erst nach ihr wird sie wirklich tot sein, denn sie ist die Letzte, die sie gekannt hat und weiß, wer sie war und wie sie war. In diesem Moment durchströmt sie ein Glücksgefühl darüber, dass sie das auch schon wusste, als die Oma noch lebte und nichts bereuen muss. Ihr Handy klingelt und erinnert sie daran, dass sie die Zeit nicht anhalten kann. „Hast du mich vergessen, Mami? Du wolltest mich doch abholen?" „Nein, ich habe dich nicht vergessen, ich habe bloß gerade die Zeit zurückgedreht. Kannst du mir ein Stück entgegenkommen? Treffen wir uns in zehn Minuten bei Karstadt? Von da gehen wir dann zusammen zum Wagen. Nein, komm bitte nicht gleich zum Parkhaus. Ich möchte mich so gerne noch einmal bei Karstadt treffen."

August 1977

Es ist der 17. August 1977 und es ist ein heißer, sonniger Tag. Für mich ist es kein sonniger Tag, denn Elvis Presley ist gestern gestorben und ich bin traurig. Nicht so traurig wie an dem Tag, an dem meine Oma gestorben ist, eher so traurig wie an dem Tag, als mein Meerschweinchen Tommy morgens tot in seinem Käfig lag. Jetzt wird es keine neuen Platten mehr von ihm geben und diese Tatsache hat mich veranlasst, meine Mutter zu begleiten, die zum Schlagbaum einkaufen gehen will. Da gibt es jetzt einen neuen Laden, Aldi oder so, wo man billig einkaufen kann, viel billiger als in dem kleinen Lebensmittelladen bei uns schräg gegenüber. Frau Eisel, die kleine dicke Frau, der der Laden gehört, hat ein Glas mit flachen, bunten Lutschern auf der Theke stehen und ich habe immer einen geschenkt bekommen, auch wenn ich mal nur ein paar Brötchen gekauft habe. Bei Aldi einzukaufen ist kein Spaß, denn da gibt es keine Auslagen, keine hübschen Dekorationen, nein, man nimmt sich, was man braucht, einfach aus Kisten. Es ist mir peinlich, dort hineinzugehen, irgendwie finde ich diese Art des Einkaufens unter unserem Niveau. Aber ich nehme es heute in Kauf, denn nur ein paar Häuser weiter ist ein Plattenladen und dort will ich alle LPs von Elvis kaufen, die im Angebot sind. Natürlich hätte ich auch alleine gehen können, aber die Begleitung meiner Mutter lässt mich hoffen, dass ich einen kleinen Zuschuss bekomme, den ich bitter nötig habe, denn ich habe gerade einen größeren Betrag im Jeansladen am Entenpfuhl ausgegeben, so dass es mit meinem Taschengeld eng werden wird, wenn meine Mutter nicht in Elvis-LPs investiert.

Meine Mama trägt einen bunten Sommerrock mit einer Rüschenbluse dazu und ihr langes braunes Haar hat sie zu einem Pferdeschwanz gebunden. Das ist ungewohnt für mich, denn oft trägt sie die Haare als kunstvoll toupierte Hochfrisur. Ich finde das passender für eine Frau ihres Alters. Lange Haare sind mir mit meinen gerade mal siebzehn Jahren vorbehalten und ich werfe sie mir oft lässig aus dem Gesicht. Die neue Jeanshose ist sehr eng um die Hüften – ich musste mich im Jeansshop auf den Boden legen, um sie dann mit Hilfe der Verkäuferin zu schließen – und hat einen ultraweiten Schlag. Der Schlag ist sogar weiter als der Bund, das ist ein ganz wichtiges Detail, denn es ist mein erster Sommer, in dem ich so richtig schlank bin. Nicht so schlank wie Twiggy zwar, aber die Richtung stimmt. Zu meiner neuen Jeanshose trage ich ein enges Batikshirt, das nur knapp bis zum Hosenbund reicht und natürlich keinen BH. Ich finde mich todschick und spüre das Leben und alles Aufregende, was es mir bringen wird, in jeder Ader pulsieren.

Kaum haben wir die Ampel an der Kullerstraße überquert und sind um die Ecke bei der Sparkasse gegangen, trifft meine Mutter eine Bekannte. Sie reicht auch mir die Hand und ich mache artig einen Knicks. Im gleichen Moment ärgere ich mich darüber, denn erstens bin ich aus dem Knicksalter raus und zweitens stirbt diese Art der Respekterweisung ohnehin gerade aus. Manchmal, wenn ich älteren Menschen gegenüber stehe, vergesse ich aber, dass ich ja nun selbst schon erwachsen bin. „Wie groß du geworden bist!“, sagt die Frau, an deren Namen ich mich in diesem Moment nicht erinnere und die meine Mutter Gisela nennt. ‚Was für ein Blödsinn’, geht es mir durch den Kopf, ‚wenn ich geschrumpft wäre, dann wäre das sicher einen Kommentar wert, aber dass Mädchen in meinem Alter ausgewachsen sind, ist ja wohl eher das Normale.' Hoffentlich bin ich ausgewachsen, denn ich bin ja jetzt schon größer als die meisten Jungs in meinem Alter und ich wünsche mir nichts mehr, als auch einmal diese Schuhe mit Plateausohlen tragen zu können, mit deren Hilfe man einen so lässigen Hüftschwung bekommt. Im Moment geht das noch nicht, denn dann wäre ich locker 1,80 groß und die Jungs wären rund zehn Zentimeter kleiner.

Das wird scheinbar keine kurze Sache hier, denn die beiden Frauen unterhalten sich jetzt angeregt. Sie reden über das Einkochen von Marmelade, die leeren Reihen sonntags in der Kirche und über eine Reihe anderer Menschen, die mich nicht die Bohne interessieren. Ich wende mich ab und beobachte den Verkehr an der Kreuzung. Wir stehen genau an der Ampel, an der 2 Spuren links abbiegen Richtung Mangenberg und 2 weiter geradeaus führen Richtung Central. Zu meiner großen Freude stelle ich fest, dass fast alle männlichen Autofahrer mich ansehen. Manche lächeln, andere starren einfach nur gebannt. Sicherheitshalber drehe ich mich zu meiner Mutter um, aber die hat der Kreuzung den Rücken zugewandt. Kein Zweifel, die Männer meinen mich. Jetzt mache ich ein Spiel daraus, ich lege den Kopf ein bisschen schräg, mache ein Schmollmündchen, ich schaue zu Boden und dann mit gekonntem Augenaufschlag wieder zu einem der Autofahrer. Ich lächle, ich schaue tiefgründig, ich werfe die Haare zurück – und immer ernte ich sofort eine positive Reaktion von der Kreuzung. Kein einziger Mann fährt vorbei ohne mir einen Blick zuzuwerfen. Es ist ein irres Gefühl! Gleichzeitig stellt sich aber auch eine unbestimmte Traurigkeit ein. Wie mochte das für meine Mama sein?! Alle Männer schauten jetzt nicht mehr sie, sondern mich an. Irgendwann würde ich auch einmal vierzig Jahre alt sein und dann würde auch mich keiner mehr ansehen. ‚Aber bis dahin ist ja noch unendlich viel Zeit!', beruhigte ich mich.

Der Fahrer des Betonmischers ist ein bildhübscher Kerl, längere dunkle Haare, braungebrannt und strahlende Augen. Ich schenke ihm mein schönstes Lächeln und er lächelt zurück und er sieht nur mich und ganz langsam rollt er auf die vor ihm stehenden PKW zu, ganz langsam, mich nicht aus den Augen lassend. Ich erwidere seinen begehrlichen Blick, ich liebe dieses Spiel mit dem Feuer, das ich in diesem Sommer erlernt habe. Noch immer rollt der Betonmischer und ich werde ein wenig nervös, müsste der nicht langsam bremsen? Der Fahrer starrt mich nach wie vor unverhohlen an, sein Blick mustert mich vom Scheitel bis zur Sohle – mir wird noch heißer als es mir an diesem sonnigen Nachmittag im August ohnehin schon ist.

Und dann gibt es auf einmal ein hässliches, schepperndes, knarrendes Geräusch und der Betonmischer und der vor ihm stehende nagelneue Opel sind eine metallische Verbindung eingegangen. Der Opelfahrer öffnet sofort die Tür und stapft wutschnaubend auf den Fahrer des Betonmischers zu. Mir wird sehr mulmig und ich zupfe unruhig an der Bluse meiner Mutter. „Mutti, können wir jetzt bitte gehen? Wir wollen doch noch nach Elvis-Platten gucken und ich habe Angst, dass wir keine mehr bekommen!“ „Was sie auf einmal mit Elvis Presley hat“, wendet sich meine Mutter an die Bekannte, „eigentlich ist sie David-

Cassidy-Fan.“ Ich zupfe erneut an ihrer Bluse und werfe ihr einen flehentlichen Blick zu: „Mutti, komm jetzt bitte!“, dabei werfe ich einen schnellen Blick auf das Geschehen an der Kreuzung. Jetzt hat sie es verstanden, verabschiedet sich von der Gisela-Bekannten und wir verlassen den Ort des Unheils. „Sag mal, hattest du irgendwas mit dem Auffahrunfall zu tun?“, fragt sie und mustert mich von der Seite. „Ich glaub schon“, gebe ich zu und habe Angst, dass es jetzt gleich ein Donnerwetter gibt, „aber ich habe bloß ein bisschen geguckt!“ In dem Moment lacht meine Mutter herzlich, so doll, dass ihr die Tränen über die Wangen laufen. „Selber schuld, die Kerle“, fasst sie zusammen, „Sommer, langhaarige, schlanke Teenager und Autofahren – das kriegen sie nicht koordiniert!“ Ich bin überrascht, das aus ihrem Mund zu hören.

„Sag mal, Mutti …“, beginne ich und will sie fragen, wie es eigentlich ist, wenn man über vierzig ist und die Männer alle nur die Tochter ansehen, aber ich breche jäh ab, denn uns kommt ein junger Mann entgegen, vielleicht Ende zwanzig, toll gekleidet, ein Bild von einem Kerl, leichte Ähnlichkeit mit Rex Gildo! Ich starre ihn an, während wir uns näher kommen. Mir wird heiß und kalt, aber …, aber … was ist das denn? Er schaut unaufhörlich meine Mutter an, sie ihn. Ich spüre, dass da eine Verbindung entsteht, in die ich nicht eindringen kann. Sie lächeln sich an und dann sind wir an diesem Traummann vorbei. Er hat mich nicht eines Blickes gewürdigt! Die Wangen meiner Mutter sind leicht gerötet, sie ist sehr schön in diesem Moment. „Macht man das in deinem Alter noch?“, frage ich sie leicht gereizt. „Was meinst du?“ „Na, flirten!“ „Wieso nicht? Und was meinst du eigentlich mit ‚in deinem Alter’?“ „Naja, du bist immerhin über vierzig und …“. „Alt? Genauso alt wie Elvis Presley. Und von dem spendiere ich dir jetzt eine Platte.“ Sie hakt mich unter und wir marschieren in den Musikladen rein, zwei Frauen mit langen braunen Haaren. Elvis ist gestern gestorben, aber meine Mama, die ist noch da, und wie! Dankbar kneife ich ihr in den Arm.

Wir trauen uns

Es ist ein Januar mit einer Identitätskrise – denn offensichtlich wäre er lieber ein November geworden –, als Manuela lustlos die Post durchsieht, fern jeder Hoffnung, etwas anderes als Rechnungen zu finden. Aber da fällt ihr tatsächlich ein Brief in die Hände, auf dem der Absender ihrer Freundin Christiane Felting steht. Nanu?! Sie schreiben sich gewöhnlich eher eine E-Mail oder eine SMS, aber niemals Briefe. Gespannt öffnet sie den Umschlag und hält eine Karte in der Hand, auf der in großen Buchstaben steht: „WIR TRAUEN UNS …“. Ach, ein Lichtblick! Christiane und ihr Mann sind seit beinah 25 Jahren verheiratet und sicher ist das die Einladung zur großen Feier. Das ist doch mal was! Die Feltings wohnen in einer traumhaften Jugendstilvilla in Merscheid und die Partys dort sind immer phänomenal. Phänomenal wie das ganze Leben des Paares: beide sind attraktiv, sportlich, verdienen gutes Geld und haben eine wohl erzogene Tochter, die in Essen studiert. Nahezu perfekte Lebensumstände, um die Manuela sie manchmal beneidet. Sie klappt die Karte auf und liest auf der nächsten Seite: „Als wir uns sahen, träumten wir vom Himmel wie vom Höllen-Feuer, wir wussten nicht, was uns geschah. Es brannte heiß der feuchte Boden aus wildem Tanz der Leidenschaften entstand im Erdreich zweier Seelen als Treffpunkt stiller Zweisamkeit, gefüllt mit wilder Zärtlichkeit, der Brunnen der Behutsamkeit.“ Manuela schießen die Tränen in die Augen. Ja, so soll Liebe sein! Das ist der Text, der damals auf der Hochzeitsankündigung der beiden stand. Wie schön, dass sie nun zur Silberhochzeit genau diesen Text wieder aufgreifen!

Manuela denkt an ihre eigene Ehe, die noch keine 25 Jahre währt, die aber schon seit langem den Rekord der 8-Minuten-Kommunikation am Tag unterboten hat. Sie und ihr Mann leben zusammen und doch lebt jeder für sich. Die Gemeinsamkeiten, die sie haben, sind das Reihenhaus, das sie zusammen abbezahlen und ihr 15-jähriger Sohn, den sie gemeinsam versuchen, von allzu häufigen Alkoholexzessen abzuhalten. Von einer Beziehung wie Christiane und ihr Mann sie führen, kann sie seit Langem nur träumen! Sie kehrt mit ihren Gedanken zurück zur Karte und liest, was auf der dritten Seite steht. „Das ist jetzt beinah 25 Jahre her, liebe Freunde, und seitdem ist viel Wasser die Wupper hinunter gelaufen. Wir haben Höhen und Tiefen zusammen er- und durchlebt und aus den leidenschaftlich Liebenden von damals sind gute Freunde geworden. Das ist schön, aber nicht genug! Wir erwarten mehr vom Leben als eine gemeinsame Abwicklung alltäglicher Verpflichtungen! Deshalb trauen wir uns, uns zu trennen." Manuela erstarrt. Das kann nicht sein, das soll nicht sein! Nicht die beiden, die ihr ganz großes Vorbild waren, ihre Hoffnung! Nein, es kann doch nicht sein, dass der Alltag auch diese Ehe zerstört hat. Die Tränen der Rührung verwandeln sich in Tränen der Enttäuschung. Nur mühsam kann sie sich zwingen weiterzulesen. „Wir sind einer Illusion aufgesessen, der Kontrollillusion. Wir sind zusammengeblieben, weil wir die Sicherheit geschätzt haben, eine Sicherheit, die es in Wahrheit doch nicht gibt. Wichtiger als stille Zweisamkeit sind uns wilde Zärtlichkeit, leidenschaftliche Liebe und Lebendigkeit. Das haben wir uns auf die Fahne geschrieben und lassen alles hinter uns, auch unser Haus. Klaus könnt ihr demnächst in Köln besuchen, Anouk in einer WG in Essen und ich freue mich auf lange Nächte mit euch in

Berlin. Auf der Rückseite findet ihr unsere neuen Adressen. Liebe ist vergänglich, Freundschaft kann für immer sein. Das wünsche ich mir. Herzlichst, Christiane."

Nachdenklich und mit zitternden Händen klappt Manuela die Karte zu. Draußen hat es wieder zu regnen begonnen. Solingen ist grau. Ihr Mann wird in ein paar Stunden zuhause sein und sie weiß noch nicht, was sie heute kochen soll. Es wird alles sein wie immer: Sie werden zusammen essen, sie im Versuch, dem bockigen Pubertierenden ein paar Worte über die Schule zu entlocken, ihr Mann die Zeitung durchblätternd. Dann werden sie alle ihren Abend gestalten. Ihre Männer werden sich vor ihre PCs setzen, der große, um irgendetwas zu recherchieren, der halbgroße, um mit irgendwem zu chatten. Sie wird das Bügelbrett aufbauen und sich währenddessen von Dieter Bohlen und seiner Crew berieseln lassen. „Same procedure as every day!" Und trotzdem – und dieser Gedanke entlockt ihr ein Lächeln – wird sie sich niemals trennen. Nicht von ihrer Heimat. Solingen wird sie nie verlassen!

Friedas Frauchen

Es ist das erste Mal, dass Amadeus bei Fuß geht und Regina ist begeistert. Schon seit einer halben Stunde joggt er eifrig neben ihr her und verzichtet darauf, jeden Spaziergänger, der ihnen entgegen kommt, durch eine gut gemeinte Umarmung und ein feuchtes Küssen zu begrüßen. Sie schmunzelt, denn sie weiß, dass sie einen Hund hat, der zu ihr passt, auch sie ist kontaktfreudig und hält auch mal mit dem einen oder anderen Hundebesitzer einen Plausch. Heute nicht, heute will sie beim Laufen ihre Bestzeit unterbieten und deshalb läuft sie zügig durch Rüden und dann an der Straße entlang Richtung Friedrichsaue. Auch diese Herausforderung meistern sie beide heute vorbildlich. Am späten Vormittag sind noch keine Kaffeegäste unterwegs und auch die Ponys werden erst am Nachmittag bewegt. Noch wird in Solingen gearbeitet. Sie überqueren gut gelaunt die Brücke an der Friedrichsaue und laufen nach links in den Wald hinein. Regina sieht auf die Uhr und freut sich: der neue Rekord könnte klappen.

Es hat viel geregnet in der letzten Zeit, so dass die Wupper sich zu einem reißenden Fluss entwickelt hat, wodurch der Hund keine Anstalten macht, sich auch nur in die Nähe zu begeben, aber mit einem Mal wird er unruhig und trottet nicht mehr brav neben ihr her, sondern gibt Gas. Vergeblich versucht sie ihn zurückzurufen, Amadeus hat Witterung aufgenommen. Als sie um die nächste Kurve biegt, weiß sie auch warum. Vor ihr gehen Frieda und ihr Frauchen. Man kennt sich und Amadeus findet Frieda gut. Kein Wunder, denn sie ist ein bildhübsches braunes Labrador-

Mädchen, das allerdings mit der draufgängerischen Art ihres jungen Wilden etwas überfordert ist.

Friedas Frauchen ist auch ein dunkler Typ, eine attraktive, sehr sympathische Hundebesitzerin, mit der Regina hin und wieder ein paar Worte über ihre vierbeinigen Freunde gewechselt hat. Amadeus springt um die Hundedame herum und fordert sie zum Spielen auf, aber heute hat Frieda scheinbar keine Lust. Sie bleibt an der Seite ihres Frauchens. Regina ist jetzt auf gleicher Höhe angekommen und grüßt freundlich. Friedas Frauchen, das die ganze Zeit zu Boden gesehen hat, schaut hoch und antwortet nur knapp: „Guten Morgen!“ Kein Lächeln im Gesicht, kein Signal, ein paar Worte zu wechseln. Ihr soll es recht sein, so kann sie ihren Lauf fortsetzen. „Amadeus!“, ruft sie und zu ihrem Entzücken, gehorcht er auf Anhieb, schiebt sich wieder auf ihre rechte Seite und sie joggen gemeinsam weiter.

Nach etwa fünfhundert Metern beschleicht Regina das komische Gefühl, dass irgendetwas nicht in Ordnung ist. Nichts ist anders, die Wupper fließt weiterhin schnell neben ihnen her, oben im Wald sind kein Wildschwein und kein Fuchs in Sicht und trotzdem hat sie ein Störgefühl. Sie denkt an Friedas Frauchen. War da nicht etwas anders als sonst? Warum war sie so kurzangebunden? War die nicht von einer bestimmten Traurigkeit umgeben? Ja, jetzt ist sie sich sicher: Mit Friedas Frauchen stimmte was nicht. Regina verlangsamt ihren Schritt. Soll sie auf sie warten und einfach fragen, was sie bedrückt? Aber wenn sie sich irrt …, wie peinlich das wäre! Sie schaut auf die Uhr, ihr neuer Rekord ist in greifbarer Nähe. Sie kann doch nicht einfach eine fast fremde Frau fragen, ob sie etwas bedrückt, das ist doch übergriffig! Regina bleibt stehen. Doch, sie kann und sie muss Friedas Frauchen fragen, ob ihr etwas fehlt. So kann sie nicht weiterlaufen, Rekord hin oder her! Sie wendet sich um und läuft so schnell sie kann in die Richtung zurück, aus der sie gekommen ist, bis sie vor den beiden hübschen dunklen Damen steht.

„Entschuldigen Sie“, legt sie los und verheddert sich dann: „Ich musste…, ich meine, ich wollte… Sagen Sie, ist bei Ihnen alles in Ordnung?“ „Überhaupt nicht!“, antwortet Friedas Frauchen zu Reginas Überraschung spontan. „Mir geht es ganz schlecht heute!“ „Was ist denn los?“, fragt Regina besorgt und die Hundemutter beginnt zu erzählen: „Vor 14 Tagen habe ich am Neumarkt beobachtet, wie Jungendliche einen kleinen Hund misshandelt haben, einen hübschen, jungen Mischling. Sie haben ihn gestoßen, getreten und an der Leine durch die Luft gewirbelt. Das war für mich so unerträglich, dass ich gar nicht mehr klar denken konnte. Ich bin einfach auf die Gruppe zugegangen und habe sie ausgeschimpft, gefragt, wie man einem kleinen Hund so etwas antun könnte, aber sie haben mich beinah ignoriert und nur blöde Sprüche gemacht. Da habe ich meinen ganzen Mut zusammengenommen, bin auf den jungen Mann, der den kleinen Hund an der Leine durch die Luft geschwenkt hat, zugegangen und habe ihm die Leine einfach abgenommen. ‚Und den nehme ich jetzt mit’, habe ich noch gesagt, mich dann mit Herzklopfen umgedreht und bin mit dem misshandelten Hund auf dem Arm weggegangen. ‚Lass ihr den Köter doch’, hörte ich noch hinter mir jemanden sagen.“

An dieser Stelle bricht sie ab und beginnt zu weinen. „Aber das ist doch großartig! Wer so viel Zivilcourage zeigt, muss doch stolz auf sich sein!“ „Nein“, schluchzt sie, „ich kann nicht stolz auf mich sein. Ich habe versagt! Der kleine Hund hat immer nur geweint, er wich nicht von meiner Seite. Ich konnte das Haus nicht mehr verlassen, aber ich musste doch auch arbeiten gehen. Frieda ist schon völlig verstört, sie kam mit der Situation überhaupt nicht klar. Ich habe so viel versucht, aber ich konnte dem kleinen Hund nicht das geben, was er brauchte: Permanente Zuwendung! Heute früh habe ich ihn im Tierheim in Glüder abgeben müssen, weil es nicht mehr ging!“

Sie weint jetzt heftig und Regina kramt nach einem Taschentuch, während sie selbst Tränen in den Augen hat. „Was für eine großartige Frau Sie sind!“, sagt sie in ihr Schluchzen hinein. „Sie haben den kleinen Mischling vor weiterer Misshandlung bewahrt! Sie haben sich eingemischt und sind nicht einfach so vorbeigegangen. Sie haben Ihr Bestes gegeben!“ „Ja, aber es war nicht genug!“ „Darauf kommt es nicht an. Sie haben gegeben, was Sie geben konnten. Und jetzt, im Tierheim in Glüder, das ja nicht irgendeine Aufbewahrungsstation ist, sondern ein Tierheim, in dem sehr engagierte Menschen sich um das Wohlergehen der vierbeinigen Bewohner kümmern, geht es dem Kleinen so viel besser als bei den Jugendlichen am Neumarkt! Wahrscheinlich haben Sie ihm das Leben gerettet!“ „Meinen Sie wirklich?“, fragt Friedas Frauchen und sieht Regina mit großen dunklen Augen an. „Ja, das meine ich wirklich. Und ich bin sicher, dass so ein hübscher junger Bursche bald von netten Menschen adoptiert wird und ein neues Zuhause findet.“ „Ja, er ist wirklich ein bildhübscher Kerl. Er braucht bloß sehr viel Zuwendung und Liebe!" „Die wird er bekommen, im Tierheim Glüder und dann in einer neuen Familie! Da bin ich ganz sicher! Sollen wir ein Stückchen zusammen gehen?"

Vergessen ist ihr neuer Rekord, vergessen ihr Stolz auf Amadeus' neuen Gehorsam. Er und Frieda tollen jetzt miteinander umher. Schade, dass sie nicht verstehen kann, was die beiden sich zu sagen haben. In der nächsten halben Stunde unterhalten sie sich, als würden sie sich schon ewig kennen: Wer sie sind, was sie tun, an was sie glauben, was ihnen wichtig ist und wovor sie Angst haben. Zwei Frauen, die sich eben noch kaum gekannt haben, erzählen sich ihr halbes Leben. Als sie vor ihren Autos am Parkplatz Wupperhof stehen, strahlt Friedas Frauchen Regina an. „Jetzt geht es mir so viel besser. Es ist alles nicht mehr so schwer. Sie haben mir sehr geholfen." „Sie mir auch", antwortet Regina, die sich besser fühlt als nach dem Aufstellen irgendeines neuen Rekords. „Ich heiße Tatjana", sagt Friedas Frauchen und reicht ihr die Hand. „Regina!" „Danke, Regina, danke, dass du zurückgekommen bist. Bis zum nächsten Mal an der Friedrichsaue!" Sie steigt in ihren Wagen und winkt Regina noch einmal zu, ein Lächeln im Gesicht.

Fly, Robin, fly

Das blaue Nass in meinem Garten ist schon so manchem Insekt zum Verhängnis geworden und auch wenn ich Tierliebhaberin bin, stürzt mich das nicht in eine tiefe Depression, weil Insekten eben kein Fell haben und ich deshalb keine innige Bindung zu ihnen aufbaue. Wie so gerne in diesem heißen Sommer, der es bis nach Solingen geschafft hat, verlege ich auch an diesem Tag meinen Mittagskaffee auf die Terrasse und sehe … eine Hummel, nennen wir sie Robin, im Todeskampf. Robin schwimmt auf dem Wasser und zuckt noch ganz leicht, aber offensichtlich hat er schon viel Kraft eingebüßt beim Versuch einen Wasserstart hinzulegen. Nun ist die Hummel auch ein Insekt, aber Hummeln sind dennoch etwas anderes: Sie sehen ein bisschen flauschig aus, sind friedfertig und die am höchsten fliegenden Insekten. Außerdem hat sich die Hummel nie darum geschert, dass die Wissenschaft berechnet hatte, dass sie aufgrund des Ungleichgewichts zwischen Flügeln und Körpergewicht nicht fliegen könne. Sie fliegt einfach und ist für uns Menschen ein nützlicher Gartenhelfer.

Es bedurfte also keiner Entscheidung, sondern war mehr ein intuitiver Vorgang, dass ich meine Tasse blitzschnell abstellte, in Windeseile den Köcher aus der Garage holte und die ertrinkende Hummel aus den Fluten rettete. Vorsichtig legte ich das Netz auf einem besonders schönen und mir sicher erscheinenden Stück des Rasens ab und beobachtete ängstlich, ob Robin sich wieder berappeln würde. Langsam, ganz langsam kletterte er durch das Netz nach vorne, ließ sich von der Metallumrandung auf den Rasen plumpsen und schaffte es dort auch noch, sich wieder in eine aufrechte Position zu bringen und Richtung Sträucher durch das Gras zu krabbeln. Meine Mission war erfüllt: Ich hatte ein Leben gerettet. Ein guter Tag!

Der Kaffee war nur noch lauwarm, aber ich setzte mich dennoch kurz auf die Liege und döste einen Moment in die Mittagssonne hinein. Ein unangenehmes Ziehen am rechten Ärmel meines Pullovers verbunden mit einem Gewicht, das definitiv nicht zu meinem eigenen Arm gehörte, ließ mich blinzeln. Aus den noch halb geschlossenen Augen sah ich, dass ein großes Etwas über meinen Arm kletterte und ich stieß es mit einer unkontrolliert heftigen Bewegung von meinem Arm hinunter. Was ich dann sah, trieb mir die Tränen in die Augen: Es war Robin gewesen, der auf meinem Arm gesessen hatte und wahrscheinlich nur Danke hatte sagen wollen. Und ich?! Hatte ich jetzt getötet, auf dessen Rettung ich vorher so stolz gewesen war?

Wie oft ist mir das im Leben schon passiert, dass ich mit einer einzigen übereilten Handlung oder einem einzigen unbedachten Wort zerstört habe, was ich vorher mühsam aufgebaut habe – sei es ein Ziel oder eine Beziehung?! Bei aller Liebe zur Spontaneität und intuitivem Handeln, ein bisschen mehr analytisches Denken täte mir sicher gut!

Zurück zu Robin: Ich habe ihn nicht getötet, aber enorm geschädigt. Beim Versuch, über die Holzterrasse von mir wegzukrabbeln, knicken immer wieder seine kleinen Beinchen weg. Beim Versuch zu fliegen, sind die Flügel zu schwach, um ihn abheben zu lassen. Traurig beobachtete ich seinen erneuten Kampf und schicke ein Stoßgebet zum Himmel: „Fly, Robin, fly!“ Nach unzähligen Fehlversuchen schafft er es, hebt ab und fliegt weg aus meinem Garten, weg von dieser unberechenbaren Kreatur, die ihm erst das Leben rettet und es dann beinah wieder zerstört. Ein tapferer, kleiner Kerl, der nicht aufgegeben hat. Eine traurige, auf sich selbst ärgerliche Frau, die sich vornimmt in Zukunft auch dann, wenn sie Angst hat, nicht in blindwütigen Aktionismus zu verfallen!

Nichts bleibt, wie es war

„56, 57, 58 …!“, zähle ich im Auto sitzend vor mich hin. Es ist 17 Uhr und wenn man um diese Zeit vom Central in die Südstadt fahren will, dann braucht man Geduld und hat den Eindruck, die halbe Welt habe sich in der Klingenstadt versammelt. Die Blechlawine, von der ich ein Teil bin, schiebt sich vom Schlagbaum von Ampel zu Ampel Richtung Innenstadt. Um mich nicht aufzuregen, zähle ich Menschen, die zu Fuß unterwegs sind. Genau genommen zähle ich Menschen, die auf den ersten Blick nicht wie „native Germans“ aussehen. Dunkelhaarige und –äugige Männer mit und ohne Bärte, Frauen mit langen Mänteln und Kopftüchern.

„Ich muss demnächst anders zählen“, geht es mir durch den Kopf, „mit denen, die aussehen wie Solinger Urgesteine oder deren Nachkommen, wäre ich schneller durch.“ Es kommt mir so vor, als sei dieser Teil der Stadt von fremdländisch aussehenden Menschen und Geschäftsnamen geprägt. Etwas in mir sträubt sich dagegen, will nicht weiterzählen. Etwas in mir will, dass alles so ist wie früher.

Beim Musikhaus Palenschat konnte man stundenlang in Kästen die aktuellen Singles durchstöbern, beim Eiscafé Kummer kostete die Kugel 10 Pfennig, beim Modehaus Wilde gab es Damenoberbekleidung und man verkaufte auch noch echte Pelze. Wenn man verreisen wollte, dann ging man ins Reisebüro Dahmen und nicht ins Internet. Wenn man zu Aldi ging, holte man sich die günstigen Lebensmittel aus Kartons und war umgeben von Menschen, die aussahen, als müssten sie die Mark umdrehen und die

Deutsch sprachen. Die Gebrauchtwagenhändler waren damals auch schon da, aber sie hießen Weber und Müller und nicht Koczaman und Özdemir. Weber und Müller fuhren selbst kleine Autos. Die Kunden sollten ja nicht denken, man wäre zu erfolgreich und würde an ihnen zu viel Geld verdienen! Koczamans und Özdemirs fahren einen SUV oder einen Ferrari, damit die Kunden sehen, dass sie erfolgreich sind. Die Erfolgreichen ziehen schließlich die Erfolgreichen an!

Die Menschen, die aus anderen Ländern zu uns gekommen waren, hießen offiziell Gastarbeiter, aber sie wurden Spaghetti- oder Knoblauch-Fresser genannt und niemand störte sich daran. Im Gegenzug nannten sie uns die „Kartoffeln" und fassten mit diesem einen Wort unsere gesamte Kultur zusammen. Hin und wieder störte sich jemand daran und deshalb sprachen sie uns nicht mit „Kartoffel" an. Nein, das hätte man sich nicht getraut, man war ja schließlich Gast in diesem Land und dic Gastgeber durften nicht öffentlich beleidigt werden.

Einmal war ich in einen Gastarbeiter verliebt. Er hieß Vincenzo Russo, war groß und schlank, hatte schwarzes glänzendes Haar, warme braune Augen und einen immer gebräunt aussehenden seidigen Teint. Er war so schön und ich so stolz, dass ich mit ihm ging. Generell war es zuhause nicht gerne gesehen, dass ich überhaupt mit irgendjemandem „ging" und deshalb behielt ich meine Liebschaften auch lieber für mich. Aber eines Tages sah meine Mutter, wie er mich nach Hause brachte und zum Abschied küsste. Was dann passierte, lässt sich nur so zusammenfassen: Ich habe es überlebt. Noch nie zuvor hatte ich mit meinen immerhin fünfzehn Jahren so viele Hände auf mir niederprasseln spüren und so viele böse Worte um meine Ohren sausen gehört. „Du Flittchen! Du lässt dich von einem Ausländer küssen! Das machen nur ganz billige Frauen, die keinen anständigen deutschen Mann kriegen! Oh nein, oh nein, was haben wir bloß falsch gemacht?! Wir haben dir zu viele Freiheiten gelassen, haben dir vertraut…!“ Das Ende vom Lied war der beliebte „Stubenarrest“ und im Anschluss daran eine Rundumkontrolle, die es mir unmöglich machte, nach der Schule auch nur noch einen Schritt alleine zu gehen. Ich hätte dem Druck meiner Eltern ohnehin nicht standgehalten und „Schluss gemacht“, aber es gab eben keine Handys und das Telefon stand bei uns mitten in der Diele und jedes Wort, das man sprach, konnte von allen Familienmitgliedern gehört werden. Ich habe mich nie von Vincenzo verabschiedet, aber irgendwann sah ich ihn in der Stadt mit einem anderen Mädchen. Sie knutschten wild herum und ich dachte: „Was für ein Flittchen!“

Hinter mir hupt jemand. Ich habe vergessen weiterzufahren, als die Ampel umgeschlagen ist – ein Mann, dessen Wagen das amtliche Kennzeichen „SG-BH 6969 hat“ fuchtelt ungeduldig mit den Armen in seinem Mercedes rum. Wahrscheinlich heißt er Bernd Hellmann und ist ein Perverser! Ich könnte jetzt noch schnell als Letzte bei Grün drüber zischen, entscheide mich aber dagegen, sondern warte nun auch geduldig die Rot-Phase ab, damit sich der Clown hinter mir nicht noch mehr aufregen muss.

Habe ich immer noch diesen Mist von damals im Kopf? Stören mich die eine oder andere Besonderheit einer Kultur, die nicht meine ist? Habe ich schlicht Angst vor allem, was ich nicht so gut kenne? Vielleicht von allem ein bisschen, aber vielleicht sind es mir einfach zu viele und ich habe eine völlig irrationale Angst, dass sie sich wie Piraten verhalten, das Schiff Solingen entern und mich dann zur Kopftuchträgerin machen, nachdem ich so viele Jahre Kampf mit meinen Eltern austragen musste, nur um einen Minirock tragen zu dürfen. Aber was will ich denn eigentlich? So vieles haben diese Menschen uns mitgebracht, was ich mag: die Musik, das Essen, die Herzlichkeit, den Zusammenhalt der Familien … „Aber", geht es mir durch den Kopf, „sie sind doch auch fordernd und haben ein ganz anderes Selbstverständnis als wir. So viel sicherer, aber auch dominanter wirken sie auf mich."

Die Ampel schlägt um auf Grün und in diesem Moment läuft ein junger Mann mit lockigem dunklen Haar, dunklen Augen und einem betont coolen Outfit auf die Straße. Na klar, Ampeln sind auch so ein Thema: allenfalls eine Empfehlung, aber nichts, was einen verpflichtet, sich auch nur im Entferntesten daran zu halten. Mitten in meine bösartigen Gedanken hinein wendet der Mann sich mir zu, schaut unsicher, zögert, ob er umkehren soll. Ich zeige mich großzügig und mache eine Geste mit dem Arm, dass er die Straße überqueren kann. Und dann passieren drei Dinge gleichzeitig: der Fußgänger strahlt mich dankbar an und wirft mir eine Kusshand zu, ich strahle zurück und sende meinerseits eine Kusshand, der Mercedes-Fahrer hupt. Ich habe drei Gedanken kurz hintereinander: „Charmantes Kerlchen, doch Flittchen, blöder Chauvi!"

Ich will doch Multi-Kulti, darum fahre ich gerne nach Berlin, nach Rom oder nach London. Bekloppte gibt es in allen Kulturen, das weiß ich, aber es geht alles zu schnell. Mein Gehirn ist zu klein, um mit den rasanten Veränderungen mitzuhalten. Des Rätsels Lösung ist Zeit. Ich brauche einfach mehr Zeit mich umzugewöhnen, möchte Veränderungen, aber bitte in gehirngerechten Dosen. Zeit, um die kennen zu lernen, die nicht mit mir hier aufgewachsen sind, die andere Erfahrungen und andere Werte haben als ich. Es bleibt nie etwas, wie es ist: nicht die Welt, nicht Solingen, nicht ich. Nur wenn ich lerne, das zu akzeptieren, kann ich glücklich sein. Gerade bin ich glücklich – wegen einer Kusshand.

25. Zöppkesmarkt
11.-13.9.93
Solingen